AF299768

Docteur E. BOYER

Médecin consultant

AX-LES-THERMES

AX-LES-THERMES

(Revue Générale)

PARIS

EDITIONS DE LA " GAZETTE DES EAUX "

3, Rue Humboldt, 3

1913

Docteur E. BOYER

Médecin consultant

AX-LES-THERMES

AX-LES-THERMES

(Revue Générale)

PARIS

EDITIONS DE LA " GAZETTE DES EAUX "

3, Rue Humboldt, 3

—

1913

AX-LES-THERMES — Vue générale.

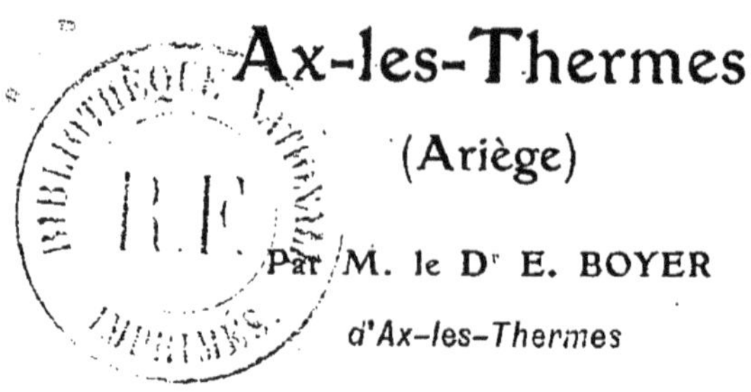

Ax-les-Thermes

(Ariège)

Par M. le Dr E. BOYER

d'Ax-les-Thermes

Géographie — Géologie

L'Ariège, qui traverse le département auquel elle donne son nom, est formée par la réunion de trois cours d'eau : l'Ariège, l'Oriège et la Lauze.

Le premier prend sa source en Andorre, au pied de la Font-Négre, le second de l'étang de Fauzy et le troisième du Port de Paillère.

C'est à l'intersection de ces trois rivières que se trouve la station balnéaire d'Ax-les-Thermes.

Le système géologique sur lequel repose Ax-les-Thermes est le granit qui forme la base fondamentale de la région ; néanmoins, sur les hauteurs de l'Est, on rencontre les systèmes cambrien et silusien. D'ailleurs, au contact du granit, les schistes cambriens, profondément modifiés, contiennent une roche spéciale : la pegmatite et une superbe production minérale, le mica-palmé, que l'on ne rencontre qu'à Luchon et à Ax, où il a été découvert, en 1863, par mon éminent maître M. le Professeur Garrigou.

L'orientation des vallées convergeant vers Ax-les-Thermes est différente ; tandis que la vallée de la Lauze a une direction E-O, celle de l'Oriège suit une orientation $O^{30°}N$ et la vallée de l'Ariège $O^{31°}N$.

Climat

L'altitude d'Ax-les-Thermes est de 730 mètres environ ; le climat y est très sain ; l'air pur et vivifiant des altitudes moyennes. La ville est très ensoleillée pendant le jour et à l'abri des vents ; les nuits y sont très fraîches. Chose assez curieuse pour un pays de montagnes, les pluies et les orages y sont plutôt rares ; c'est ainsi que pendant l'été 1912, alors qu'il pleuvait dans presque la France entière, du 1ᵉʳ août au 10 septembre, Ax-les-Thermes n'a eu à subir que trois journées de pluies.

Sources

Quatre-vingt sources, avec un débit de trois millions de litres par 24 heures, forment la grande richesse d'Ax-les-Thermes.

Toutes ces sources, sans exception, jaillissent du granit ; elles sont descendantes ou ascendantes ; du point culminant de la ville, qui sépare les deux vallons de la Lauze et de l'Oriège, les sources sont descendantes et se déversent dans trois directions différentes.

Les unes s'infiltrent vers le sud-est de l'Hôpital et donnent les sources publiques des *Rossignols*, des *Canons*, de l'*Etuve* et alimentent l'établissement du Breilh.

Les autres descendent vers l'Oriège et constituent les groupes du *Coustou*, du *Puits d'Orlu*, des *Neiges*, etc., de l'établissement du Teich.

Les dernières descendent vers la Lauze pour alimenter en grande partie l'établissement du *Modèle*.

A l'établissement du Couloubret, au contraire, les sources sont directement ascendantes.

Propriétés physiques

Les Eaux d'Ax-les-Thermes sont, pour la plupart, *hyperthermales* : les Rossignols 78°5, les Canons 76°, Viguerie 74° ; la gamme va ensuite descendante pour arriver aux sources hypothermales : la source Pilhes 32°, Gourguette, Lafon, Gouzy, 30°, source N° 9, 30°, Basse 28°, Canalette 22°.

Incolores, les eaux d'Ax sont en général transparentes ; néanmoins une source, l'*eau bleue*, doit son nom à ce qu'elle a un reflet bleuâtre et paraît même franchement bleue sous une certaine épaisseur ; ce phénomène est dû à ce que cette eau contient en suspension du soufre à l'état libre.

Les Bains du *Mystère* et du *Fontan* présentent un autre phénomène : celui du blanchiement, qui est la conséquence de la transformation des monosulfures en polysulfures et de la précipitation du soufre de ces derniers.

L'odeur d'œuf couvé, caractéristique des eaux sulfureuses, se répand fortement aux abords de toutes les sources ; la *saveur*, quoique rappelant celle des œufs durs, n'en est pas désagréable du tout.

Les propriétés *radioactives* des eaux d'Ax-les-Thermes, plus particulièrement des sources Viguerie et Pilhes, ont été mises en lumière par les professeurs Moureu, Garrigou, Sabatié et Gouzi.

Appareils de humage

Dans la Viguerie, 10 litres des gaz pris à la source contiennent 2,32 milligrammes une minute d'émanation de radium.

Enfin, le Professeur Garrigou a étudié les propriétés électriques des Eaux et a conclu à la présence de l'électricité.

Propriétés chimiques

Les Eaux d'Ax-les-Thermes contiennent en dissolution des gaz, des sels, des métalloïdes, des métaux et des matières organiques.

Gaz : Les gaz contenus dans les eaux minérales sont :

l'*hydrogène sulfuré*, qui se dégage librement ; l'*azote*, qui est très abondant ; les sources, spécialement celle du Viguerie, semblent bouillir ; les *gaz rares, actinium, polonium, hélium*, etc.

Sels : Les sels les plus abondants sont : les sels de soufre, mono et polysulfures de sodium, sulfites et hyposulfites de sodium ; puis viennent les silicates alcalins, les carbonates de sodium et de calcium, quelques sulfates.

Métalloïdes : Le soufre d'abord, le brome, l'iode, des traces de bore et de fluor sont les principaux métalloïdes contenus dans les eaux d'Ax-les-Thermes.

Etablissement du Breilh

Métaux : Dans les analyses que j'ai faites dans le laboratoire et sous la direction du Professeur Garrigou, j'ai trouvé du zinc en quantité pondérable, du cuivre, de l'étain, de l'arsenic, du cobalt, du manganèse.

Matières organiques : Une quantité considérable de sulfuraires se trouve en suspension dans l'eau et vient se déposer dans les tuyaux et les baignoires. Les eaux ne contiennent aucun microbe pathogène.

Toutes les sources ne contiennent pas du soufre ; quelques-unes en sont tout à fait dépourvues.

Transformations chimiques : J'ai déjà signalé le phénomène du blanchiement ; je dois parler encore d'une autre particularité, confirmée par mes expériences : au contact de l'air, après un séjour de 15 à 20 minutes, les eaux perdent leurs sulfures, lesquels se transforment en partie en sulfites. Cette propriété trouve une application thérapeutique très utile dans le traitement de certaines affections de la peau.

Etablissements — Installations balnéaires

Quatre établissements :

1° *Le Teich*, établissement tout à fait moderne, est alimenté par 15 sources ; il comprend :

3 sections de bains ;
24 cabines ;
5 buvettes ;
4 grandes douches ;
4 douches sous-marines et vaginales ;
4 douches Tivoli ;
12 appareils à pulvérisation pharyngienne ;
7 appareils de humage ;
1 douche mobile pulvérisée ;
1 douche ascendante ;
1 étuve ;
2 salles de gargarisme.

Vaporigène : Dans cet établissement se trouve le vaporigène du Docteur Lajeaunie, modifié et exploité par le Docteur Bousquet ; cet appareil, qui a aujourd'hui une réputation mondiale, puisqu'il attire tous les ans des malades des cinq parties du monde, est d'une conception remarquable ; il a pour but d'envoyer, dans tous les conduits et canaux auditifs et olfactifs, les gaz recueillis dans les eaux sulfureuses.

2° *Le Couloubret* est le plus ancien établissement, mais très bien aménagé ; les cabines sont vastes et très bien aérées ; il est alimenté par 13 sources ; son outillage se compose de :

6 sections de bains ;
28 cabines ;
5 buvettes ;
4 douches sous-marines et vaginales ;
2 douches Tivoli et *douches-massages* ;
2 bains de siège à eau courante :
1 salle de gargarisme.

3° *Le Breilh* : Coquet établissement refait à neuf. Actuellement contient :

14 sources ;

4 sections de bains ;

22 cabines ;

3 buvettes, dont la célèbre *Petite Sulfureuse* ;

2 grandes douches ;

3 douches Tivoli ;

3 douches vaginales sous-marines ;

5 douches et pulvérisations pharyngiennes et faciales.

4° *Le Modèle* est alimenté par 7 sources ; se compose de :

3 sections de bains ;

30 cabines ;

4 buvettes ;

2 grandes douches ;

4 douches Tivoli ;

2 bains locaux à eau courante pour les membres ;

1 bain de siège à eau courante :

8 appareils de humage ;

1 douche ascendante ;

1 étuve.

Dans tous ces établissements, l'eau *est excessivement abondante* ; aussi peut-on donner sans difficulté des bains et des demi-bains à eau courante.

Cette abondance permet encore de donner des bains toujours identiques à eux-mêmes. Les *eaux hyperthermales* sont refroidies dans des serpentins noyés dans de grandes cuves d'eau froide. Les eaux hypothermales sont inversement réchauffées dans des serpentins plongeant dans des cuves d'eau chaude provenant des sources hyperthermales ; de cette sorte, l'eau froide et l'eau chaude d'un bain viennent du même griffon.

Action physiologique

Elle varie beaucoup, suivant que l'on s'adresse ;

1° Aux sources indifférentes ne renfermant aucune trace de soufre, mais riches en silicates et en carbonates alcalins ;

2° Aux sources légèrement sulfureuses ;

3° Aux sources très riches en sulfures.

Dans le premier cas, les eaux sont hypotensives et puissamment sédatives.

Dans le second cas, on observe, au début du traitement, une légère hypertension, à laquelle fait suite une régression de la tension.

Enfin, les sources riches en sulfures sont franchement hypertensives, excitantes, provoquant parfois, dans le cours du traitement, un peu d'éréthisme cardiaque.

Dans tous les cas, les eaux provoquent une circulation plus ardente, des échanges plus actifs, une élimination

Etablissement du Teich

plus grande, surtout si l'on joint à la balnéation une légère absorption d'eau de *Longchamps*, d'*eau alcaline* ou d'*eau bleue*, sources riches non seulement en silicates alcalins, mais encore en lithine ; une diurèse abondante est la résultante des premiers jours de la cure, car ces eaux, en un mot, lessivent et décrassent l'organisme tout entier.

Cette action éliminatrice peut se faire sans réaction, comme elle peut être l'objet d'un peu de fièvre thermale ; mais cette dernière peut être évitée si l'on a eu le soin de faire avant le traitement sulfureux une *cure prælhermale*.

Indications générales

Les Eaux d'Ax-les-Thermes trouvent leur application dans tous les cas où les sulfures et les silicates sodiques trouvent une indication ; grâce à la variété de ses innombrables sources, variété portant sur la thermalité, la sulfuration et tous les composés chimiques, on peut toujours constituer, dans cette station, un traitement approprié à la fois au malade et à la maladie.

Ax-les-Thermes est un grand clavier, constitué par l'ensemble de ses sources, sur lequel on peut faire

Etablissement du Modèle

toutes les combinaisons possibles, pour le plus grand bien du patient.

Le traitement de l'*arthritisme*, sous toutes ses formes, vient naturellement en première ligne :

Rhumatisme articulaire (convalescence, rhumatisme subaigu, prolongé de Besnier) ;

Rhumatisme noueux, déformant ;

Rhumatisme nerveux (névralgies, sciatique, intercostales, migraines) ;

Rhumatisme musculaire (myosites, lumbago) ;

Rhumatisme viscéral ;

Les arthrites traumatiques, infectieuses, blennorragiques ;

Les raideurs articulaires, les rétractions tendineuses.

Viennent ensuite : l'anémie, le lymphatisme, la scrofule.

Le soufre, associé aux chlorures, et l'air donnent des résultats surprenants.

Indications spéciales

La syphilis, ses accidents secondaires et tertiaires, sont tributaires de nos eaux : d'abord, à cause de l'ac-

Etablissement du Couloubret

tion directe des sulfites et des hyposulfites très abondants sur les sels de mercure qui les dissolvent et les véhiculent dans toutes les parties du corps ; ensuite, à cause de l'action du soufre sur tout organisme, en général, qui le fortifie et le met en meilleur état de résistance.

Ces sulfites et hyposulfites ont encore une action manifeste sur l'*eczéma*, le *psoriasis*, le *pytiriasis*, grâce surtout aussi aux grands bains prolongés à eau courante.

L'installation récente des douches pharyngiennes et

des appareils de humages, concurremment avec les eaux merveilleuses de la *Petite Sulfureuse* et du *Couslou*, permettent de traiter avec succès toutes les affections chroniques des voies respiratoires : bronchites, asthme, emphysème, rhynites, pharyngites, catarrhes tubaires (Vaporigène du Docteur Lajeaunie).

Indications secondaires

Les maladies du cœur consécutives au rhumatisme articulaire aigu.

Les phlébites, les affections variqueuses, les hémorroïdes.

Les affections utérines, métrites aiguës et poussées subaiguës ; les métrites catarrhales et infectieuses.

Les névralgies utéro-ovariennes et les fausses utérines.

Contre-Indications

La goutte à l'état aigu.

La tuberculose pulmonaire à tous les degrés.

Toutes les congestions du foie.

Les cardiopathies avancées, lorsqu'il n'y a plus compensation.

Le rétrécissement mitral pur, l'angine de poitrine.

Toutes les affections néoplasiques (surtout les sarcomes).

Renseignements pratiques

Ax-les-Thermes se trouve dans l'arrondissement de Foix, à 2 heures de Toulouse, 13 heures de Paris, 10 heures de Marseille, 6 heures de Bordeaux.

Deux autobus font tous les jours le service entre Ax-les-Thermes et Bourg-Madame (Puigcerda) et inversement ; la durée du trajet est de 2 heures 1/2.

Dans trois ans, la ligne du chemin de fer d'Ax-les-Thermes à Puigcerda et Barcelone sera livrée au public.

Pays délicieux ; montagnes boisées ; nombreuses excursions pour la demi-journée, la journée ou plusieurs jours.

On trouve des guides pour la chasse, la pêche et de nombreuses voitures de promenade.

Le Casino est ouvert du 1er Juillet au 1er Octobre ;

un excellent orchestre joue trois fois par jour. Troupe de comédie et d'opérette ; salles de jeux.

Pour des renseignements détaillés, s'adresser au Syndicat d'Initiative, à la Mairie,

Résumé

Ax-les-Thermes : 730 mètres d'altitude ; service rapide avec toutes les grandes villes de France ; climat très sain, à l'abri des vents ; pluies et orages rares.

Plus de 80 sources, avec un débit de 3 millions de litres d'eau.

Eaux sulfurées sodiques, silicatées, carbonatées, riches en métaux et métalloïdes, radioactives. — Eaux indifférentes.

Installations des plus confortables et des plus modernes : bains, douches, bains et demi-bains à eau courante, douches Tivoli et sous-marines, douches gynécologiques, douches pulvérisées, douches pharyngiennes, irrigations nasales, douches-massages, étuves, humages, vaporigène, établissement de kinésithérapie. -

Indications : arthritisme sous toutes ses formes, affections des voies respiratoires supérieures et inférieures, syphilis et ses accidents, anémie, lymphatisme, scrofule, affections du système vasculaire, de la peau, de l'utérus.

Contre-indications : Toutes les poussées congestives du côté du poumon et du foie ;

Les insuffisances non compensées, les rétrécissements mitraux, les artério-scléreux très avancés ;

Tous les néoplasmes.

Institut des Traitements Physiques

et

Thermes de Languedoc

1bis, Rue de Languedoc, TOULOUSE

Hydrothérapie complète. — Douches de toute nature
Bain ordinaire ; médicamenteux

Bains Turcs	Obésité ; goutte ; rhumatismes ;
Bains d'air chaud	névralgies ; sciatique ; affec-
Bains de lumière	tions de la peau ; des yeux.

Bains Carbo-Gazeux	Cardiaques ; artério-scléreux ; emphysémateux.

Douche-Massage	Arthrites ; névralgies ; consti-
Douche d'air chaud	pation, etc., etc.

Massages médicaux ; hygiéniques ; esthétiques

Gymnastique scolaire ; orthopédique ; esthétique

GYMNASTIQUE RESPIRATOIRE

TRAITEMENT DES DÉVIATIONS DE LA TAILLE

(Scolioses ; scyphoses ; dos ronds)

RÉÉDUCATION POUR LES ATAXIQUES

TRAITEMENT DES TICS

Accidents du Travail

Suédois diplômés de l'Institut royal de Stockolm

DIRECTION MÉDICALE

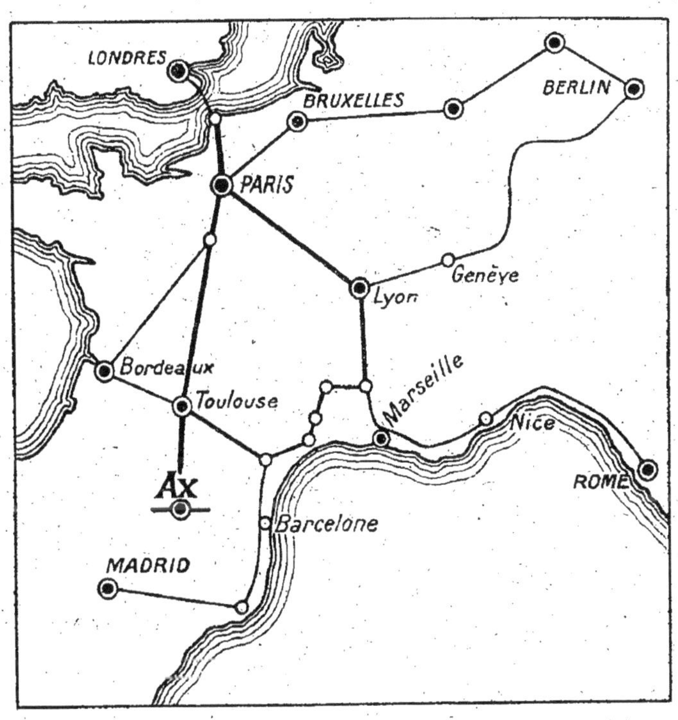

LONDRES
BRUXELLES
BERLIN
PARIS
Genèye
Lyon
Bordeaux
Toulouse
Marseille
Nice
ROME
Ax
Barcelone
MADRID